NOTICE

SUR

LA VIE ÉDIFIANTE

DE Mlle MARIE-ELISABETH MOYON

PRÉSIDENTE DE L'ASSOCIATION DES ENFANTS DE MARIE

décédée à Passy-Paris le 8 avril 1874

PARIS-AUTEUIL

IMPRIMERIE DES APPRENTIS CATHOLIQUES. — ROUSSE L

40, rue La Fontaine, 40

1877

NOTICE

SUR

LA VIE ÉDIFIANTE

De Mlle Marie-Élisabeth MOYON

NOTICE

SUR

LA VIE ÉDIFIANTE

DE Mlle MARIE-ELISABETH MOYON

PRÉSIDENTE DE L'ASSOCIATION DES ENFANTS DE MARIE

décédée à Passy-Paris le 8 avril 1874

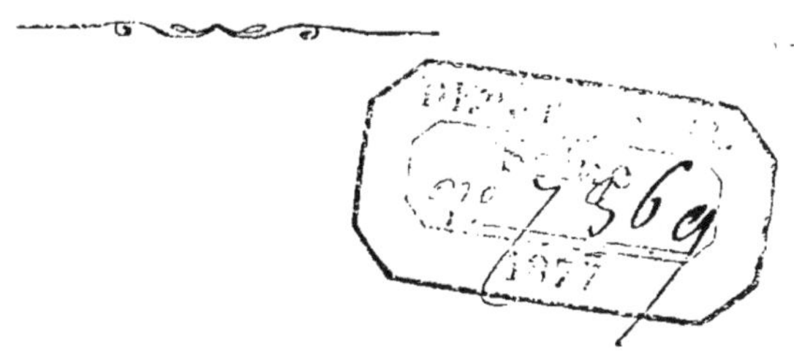

PARIS-AUTEUIL

IMPRIMERIE DES APPRENTIS CATHOLIQUES. — ROUSSEL

40, rue La Fontaine, 40

1877

NOTICE

SUR

LA VIE ÉDIFIANTE

DE Mlle MARIE-ELISABETH MOYON

PRÉSIDENTE DE L'ASSOCIATION DES ENFANTS DE MARIE

décédée à Passy-Paris le 8 avril 1874.

En consignant ici quelques détails édifiants sur la vie et la mort de Mlle Marie-Elisabeth Moyon, décédée dans la paix du Seigneur le 8 avril 1874, nous avons le désir de faire quelque bien à nos chères Enfants de Marie. Le modèle que nous leur proposons, est pris dans leurs rangs, et nous le croyons digne à tous égards de leur être offert ; nous y trouvons d'ailleurs cet avantage que les exemples de vertu mis sous leurs yeux ne s'écartent pas des voies ordinaires de la grâce et que, par conséquent, il leur est facile de se les approprier. En effet, elles ne rencontreront point dans cette existence si pure cependant et si unie à Dieu de faits bien extraordinaires, mais seulement toute la simplicité de la vie chrétienne ; des habitudes de piété et des pratiques parfaitement à leur portée, et que toute Enfant de Marie vraiment digne de ce titre peut adopter au milieu du monde. En face des mêmes périls, au milieu des mêmes luttes, elles trouvent les mêmes moyens de sanctification et de salut ; Notre-Seigneur leur prépare les mêmes grâces et les mêmes faveurs : ce que leur pieuse compagne a fait, elles peuvent le faire à leur tour, et il n'est pas au-dessus de leurs forces de reproduire les exemples qu'elle leur a laissés, pourvu qu'elles s'abandonnent doucement et avec bonne volonté à la conduite du divin Maître.

Puisse le souvenir de l'estime et du respect dont fut universellement entourée Mlle Moyon, apprendre aux Enfants de Marie quel est l'ascendant de la vertu ; puissent-elles se bien convaincre que ce n'est point en revêtant les livrées du luxe et de la vanité qu'une jeune fille se distingue et s'honore, mais bien par la simplicité, la modestie et l'amour de la condition où Dieu l'a placée. Les marques de particulière sympathie que prodiguèrent à Mlle Moyon des personnes de tout rang et de toute condition et le concours empressé qui a honoré ses funérailles, montrent suffisamment que le monde lui-même ne se méprend pas sur les droits de la vertu, et que, même à ses yeux, le rang et la richesse ne sont point la vraie grandeur.

Née le dernier jour du mois de mai 1844, de parents honnêtes et laborieux, et nommée Marie au saint baptême, Mlle Moyon fut, dès sa plus tendre enfance, prévenue des faveurs de la Reine du ciel. Sa douceur, son obéissance, son respect pour ses parents indiquaient une âme toute prête à recevoir les salutaires impressions de l'éducation chrétienne ; son bon sens naturel, puissamment aidé et soutenu par la grâce, lui inspirait déjà l'horreur de tout mal et lui faisait entrevoir les jouissances que l'on goûte au service de Dieu. De si heureuses dispositions dans une enfant si jeune permettaient de préjuger ce qu'elle serait plus tard.

Vers l'âge de six ans, elle commença à aller en classe : un attrait irrésistible, et dont elle ne pouvait se rendre compte, la portait à souhaiter ardemment que son éducation fût confiée aux filles de Saint-Vincent de Paul ; c'était d'ailleurs le vœu de ses parents ; toutefois il plut à Dieu de lui faire attendre ce qu'elle estimait une précieuse faveur. Son frère et sa sœur, plus jeunes qu'elle, fréquentaient encore la salle d'asile annexée à l'école communale ; la jeune Marie avait la charge de les conduire chaque jour et de les ramener à la maison paternelle, et, on peut le dire, elle s'acquittait de ce soin avec la vigilance et la sollicitude d'une mère. Ce fut cette circonstance qui la retint pendant quelque temps à l'école communale; mais dès que son frère et sa sœur furent en âge eux-mêmes d'aller à l'école, elle obtint de suivre son attrait, et, avec un incomparable contentement, elle franchit le seuil de la demeure hospitalière dans laquelle elle devait si bien apprendre à aimer et servir Jésus-Christ.

Nos chères Enfants de Marie voudront bien jeter avec nous un regard rapide sur le passé de cette maison bénie de Notre-Dame de Grâce dans laquelle Notre-Seigneur s'est souvent montré prodigue de ses dons, et où tant d'autres jeunes filles ont appris à connaître leurs devoirs et à pratiquer la vertu. C'est à la piété et à la sollicitude des curés de la paroisse que cette maison dut son premier établissement et ses accroissements successifs. Le vénérable M. Salacroux, curé de 1842 à 1846, appela le premier à son aide les filles de la Charité; établies dans une petite maison voisine de la demeure curiale, elles commencèrent alors l'œuvre des écoles et celle de la visite des pauvres. Un peu plus tard, la petite communauté fut transférée rue des Carrières (aujourd'hui rue Nicolo); dans ce local encore bien étroit, M. l'abbé Corbière, successeur de M. Salacroux, commença l'œuvre si touchante de la crèche. Enfin M. Locatelli, qui remplaça en 1852 M. Corbière appelé à la cure de Saint-Vincent de Paul, s'appliqua, de toutes ses forces, à compléter l'œuvre de ses prédécesseurs. Dès son arrivée à Passy, il entreprit de créer une *Persévérance de jeunes filles* (*Orphelinat* et *Patronage*); les œuvres paroissiales furent alors installées dans la maison qu'elles occupent encore aujourd'hui. Il est juste d'ajouter que la piété des fidèles seconda le zèle des pasteurs et facilita leur noble tâche; grâce à ce concours, ils eurent la consolation de pouvoir offrir à l'enfance le bienfait inappréciable de l'éducation chrétienne. De cette époque datent ces pieuses réunions du dimanche si simples et si modestes, mais si consolantes pour ceux auxquels Dieu en a confié le soin, et ces retraites annuelles toujours édifiantes, et toujours suivies d'excellents résultats. L'érection canonique de l'Association des Enfants de Marie vint fortifier et assurer le succès de l'œuvre. Ce fut au sein de ces réunions que Mlle Moyon se forma à la piété et apprit le secret de résister aux séductions du monde.

Les vertueuses filles qui dirigeaient la maison de N. D. de Grâce, lorsque la jeune Marie fut admise dans les classes, surent apprécier bien vite l'innocence de son âme et les heureuses qualités de son intelligence; aussi s'appliquèrent-elles sans relâche à développer les dispositions naturelles de cette petite fille, que déjà l'on se plaisait à appeler *l'enfant gâtée de la divine Providence;* leurs espérances ne furent pas déçues, un plein succès couronna leurs efforts. Plusieurs d'entre elles ont déjà reçu de Dieu la récompense de leur zèle et de leur dévouement. Nous croyons remplir un devoir en rappelant ici le sentiment de profonde vénération qui demeure attaché au souvenir de la digne sœur Elisabeth Brunet, alors supérieure, et à la mémoire toujours vivante parmi nous de l'excellente sœur Joseph, directrice de l'école et de l'œuvre du Patronage. De celles qui survivent, il ne nous appartient pas de rien dire, sinon qu'elles n'ont point oublié ce que fut leur chère élève. Appelées, depuis longtemps déjà, à travailler ailleurs pour la gloire de Dieu et le salut des âmes, elles gardent encore le souvenir des vertus naissantes de l'enfant confiée alors à leur sollicitude; l'une d'elles entre autres, à la nouvelle de la mort de Mlle Moyon, s'empressait d'offrir à la mère de notre chère défunte ses sympathiques et chrétiennes condoléances, en rappelant l'affection singulière qui, depuis plus de vingt ans, l'unissait à *sa bonne Marie.* Ce souvenir à lui tout seul, dans sa touchante simplicité, dit assez ce que furent les premières années de Mlle Moyon, et indique suffisamment quelle estime l'on faisait de son caractère. En ffet, à huit ans, elle était le modèle de ses petites compagnes; le témoignage unanime de ses amies d'enfance nous affirme qu'on la voyait toujours la première au travail et à la prière. Elle entrait ainsi dans la voie qu'elle devait suivre jusqu'à son dernier jour.

Cependant l'époque de la première communion approchait. C'est un grand pas dans la vie que l'acte solennel de la première communion; le plus ordinairement, il décide de la vie tout entière et, par conséquent, de l'éternité. Profondément pénétrée de l'importance de l'acte qu'elle allait accomplir, et guidée d'ailleurs par l'attrait secret de la grâce, la jeune Marie se prépara avec le plus grand soin à sa première communion. Il n'est pas besoin de noter ici son assiduité, son application à l'étude du catéchisme pendant les deux années de préparation ; mais il convient de remarquer les efforts qu'elle fit pour purifier son cœur, et le rendre moins indigne du Dieu de toute sainteté. Scrupuleusement exacte à suivre les avis des catéchistes et à mettre en pratique les conseils de ses pieuses maîtresses ; empressée à employer, pour atteindre le but, tous les moyens de sanctification qui lui étaient offerts; elle contracta dès lors ces habitudes de piété sérieuse et de recueillement qui en firent plus tard le modèle des Enfants de Marie et l'honneur de l'Association. Dès ce moment, nous disent ses compagnes d'alors, elle était édifiante entre toutes, et les sentiments de son âme se manifestaient jusque dans ses jeux et ses occupations les plus ordinaires ; de cette époque date cette union intime avec Notre-Seigneur Jésus-Christ qui a fait le charme de sa vertu et qui lui concilia toujours l'estime et le respect. Aussi, quand vint le grand jour, la pieuse enfant put présenter au divin Maître un cœur bien pur et tout embrasé des flammes de la charité. Le souvenir de ce grand jour était d'ailleurs une des joies de son âme; sur son lit de mort, nous l'avons entendue parler, dans l'effusion de son cœur, de sa première communion : avec un sentiment de profonde reconnaissance, elle se rappelait les faveurs qui lui avaient été prodiguées et les douces aspirations de son âme, quand, pour la première fois, elle s'approcha de son Dieu. Elle remerciait alors le Seigneur de la grâce inappréciable qu'il lui avait accordée de bien faire sa première communion, et en rapportait tout l'honneur, après Dieu, non point à ses propres dispositions, mais aux soins dévoués et assidus de sa maîtresse de classe, la digne sœur Joseph.

La première communion est en réalité l'entrée dans la vie; c'est le premier acte sérieux dans lequel l'enfant peut manifester les sentiments de son cœur et les ressources de son intelligence, et c'est seulement après l'accomplissement de ce grand devoir que l'on s'occupe de procurer aux enfants les moyens de se suffire et de gagner le pain de chaque jour; il faut bien songer à un état et passer par l'apprentissage. Mais l'apprentissage n'est pas sans présenter de graves dangers; sans parler ici de ces maisons où le saint nom de Dieu semble n'être connu que pour être blasphémé, et où l'on profane par un travail défendu le jour du Seigneur; sans parler de ces ateliers dans lesquels des lectures infâmes ou tout au moins dangereuses, des discours impies, des conversations éhontées sollicitent à tout instant les penchants de la nature corrompue, sans parler de ces tristes maisons dans lesquelles une famille honnête ne peut laisser entrer ses enfants, on rencontre dans l'apprentissage, il ne faut pas se le dissimuler, des périls graves et nombreux. Ce premier air de liberté que la jeunesse respire, le côté séduisant des vanités mondaines qui s'étalent sous ses yeux, l'attrait du plaisir : tout conspire à réveiller dans ces cœurs inexpérimentés les passions assoupies. Il suffit de l'exigence d'une maîtresse d'apprentissage, des railleries d'une mauvaise compagne et surtout de l'influence pernicieuse du mauvais exemple, pour que l'on s'habitue peu à peu à négliger ses devoirs et à s'éloigner de Dieu. Et, une fois sur la pente du mal, on glisse rapidement dans l'abîme. Ainsi, chaque année, nous avons la douleur de voir s'égarer un nombre toujours trop considérable de ces pauvres enfants qui, à l'époque de leur première communion, nous avaient donné les meilleures espérances.

Il est donc de toute importance de consacrer les quelques mois d'école qui suivent la première communion à développer les bons sentiments et à fortifier les résolutions du grand jour. C'est un soin que l'on ne saurait trop recommander aux personnes qui s'occupent de l'éducation de la jeunesse, et que malheureusement l'on trouve trop souvent négligé. Qu'on laisse à des maîtres qui n'ont d'autre objectif que les louanges des hommes, la *passion des succès* et le souci de se faire applaudir dans la personne de leurs élèves ; mais que les maîtres chrétiens s'appliquent avant tout à former des hommes et à préparer à l'Eglise des enfants dévoués et soumis. Sans doute, dans les luttes littéraires ou scientifiques, ils doivent se tenir à la hauteur de leur mission, et s'efforcer d'égaler ou de surpasser leurs rivaux ; mais il ne faut pas que cette légitime émulation destinée à démontrer la supériorité de l'enseignement chrétien, dégénère et se rapetisse au désir de paraître et de briller. Les enfants de nos classes ouvrières qui, au sortir de l'école, vont se trouver aux prises avec l'action dissolvante des mauvaises doctrines, et qui, dans les ateliers et les maisons d'apprentissage, seront en butte aux sollicitations des ennemis de l'ordre et de la religion, ont surtout besoin d'être mis en garde contre des attaques incessantes. Par conséquent, pendant les jours qui suivent la première communion et précèdent l'apprentissage, on doit s'appliquer à implanter fortement dans leurs cœurs les habitudes chrétiennes, bien plus qu'à développer les connaissances humaines et à perfectionner l'intelligence ; il s'agit de compléter autant que possible, non pas l'instruction, mais l'éducation.

C'est de la sorte que l'excellente sœur Joseph comprenait la mission de l'instruction chrétienne ; ce fut toujours là son grand souci, sa constante préoccupation à l'égard des jeunes filles confiées à ses soins. Toutefois, si elle sut prodiguer à toutes indifféremment ses maternelles et charitables attentions, elle se surpassa, pour ainsi dire, et redoubla de sollicitude lorsqu'elle prépara Mlle Moyon à affronter les dangers de l'apprentissage. Ce n'est pas qu'elle craignit beaucoup pour sa chère Marie la puissance des séductions du monde; mais elle sentait qu'elle avait sous la main une nature d'élite, une âme généreuse capable de donner hardiment l'exemple et de soutenir les autres dans la voie du bien; dès lors, elle voulait faire passer dans le cœur de son élève toute l'ardeur de son zèle. La maîtresse et l'élève se comprirent et se lièrent ensemble d'une étroite et chrétienne amitié.

Pour apprécier toute la sollicitude de la bonne sœur pour l'enfant de son cœur, il faut lire les avis qu'elle adressait à son élève, au moment où celle-ci allait quitter la classe. Ces lignes dictées par l'affection la plus touchante, nous dévoilent d'ailleurs les sentiments intérieurs de celle à qui elles étaient adressées; elles nous montrent l'enfant de treize ans déjà capable de comprendre les leçons de la vie spirituelle et de les mettre en pratique. Il n'est peut-être pas superflu d'insérer ici ces pieux conseils; ils nous diront, mieux que beaucoup de paroles, les espérances de la bonne sœur et le jugement qu'elle portait sur son élève.

« Enfin, ma chère enfant, ils sont passés, ces jours si
» heureux de votre première enfance : bientôt vous ne vous
» assiérez plus sur ces bancs où tant de fois vous avez
» reçu de bons et saints avis; vous ne vous verrez plus en-
» tourée de ces compagnes aimantes et pieuses qui vous
» prodiguaient tant de témoignages d'affection et dont
» l'exemple vous entraînait au bien; bientôt vous quitterez
» cette maîtresse qui vous aima d'une affection si vraie
» qu'elle doute que jamais vous en rencontriez une plus dé-
» vouée. Si vous pouviez comprendre sa sollicitude, ses in-
» quiétudes, ses prévoyances maternelles! si vous pouviez
» savoir avec quelle terreur elle jette un regard sur cet
» avenir qui s'ouvre devant vous! Pauvre enfant, vous

» quittez le doux nid de vos jeunes années (il est tout par-
» fumé de doux souvenirs, de prières, de saintes et conso-
» lantes pratiques), pour entrer dans un monde tout autre ; et
» je ne serai plus là, moi, pour arrêter d'un regard un mou-
» vement de vivacité, pour relever d'un mot encourageant
» un courage qui faiblit, pour donner plus de force à une
» bonne résolution par une douce approbation. Vous aurez,
» chère enfant, des moments d'ennui ; des séductions, des
» plaisirs pourront se présenter à vous ; les tentations vien-
» dront ; des épreuves vous sont réservées : c'est le lot que
» notre pauvre humanité traîne après elle depuis le péché.
» Que tout cela ne vous étonne donc pas. Rappelez-vous
» alors les bonnes instructions que vous avez entendues ;
» entourez-vous de souvenirs pieux, vous en trouverez tant
» dans votre passé si court cependant ! soyez forte, coura-
» geuse, inflexible quand il s'agira de vos sentiments reli-
» gieux ; foulez aux pieds tout respect humain ; méprisez ces
» railleries qu'on pourrait vous adresser et qui sont le fruit
» d'un cœur corrompu ou égaré ; croyez bien que les per-
» sonnes qui vous les adresseront, envient votre conviction,
» votre douce innocence ; elles voudraient vous ressembler,
» elles ne le peuvent, et, dans le fond, elles sont forcées de
» vous estimer et elles vous estiment en effet. Fuyez aussi
» toute lecture mauvaise ou équivoque, et si jamais on
» en faisait dans la maison où vous êtes appelée à travailler,
» si jamais on disait un mot qui pût blesser votre innocence,
» prévenez de suite votre mère. Vous avez le bonheur
» d'avoir des parents bien honnêtes, qui comprennent leurs
» devoirs, qui vous aiment comme des parents chrétiens
» savent aimer : profitez de cet avantage que tant de vos
» compagnes n'ont pas, et ayez toujours pour eux toute la
» déférence et tout le respect qu'ils ont droit d'attendre de
» vous. Un mot encore : si vous voulez faire aimer la piété,
» ma chère enfant, soyez bonne, soyez douce ; surveillez at-
» tentivement ces mouvements d'humeur et de caprice ;
» sachez céder, et *céder toujours*, à votre frère et à votre

» petite sœur dans les choses qui sont raisonnables ; surtout
» jamais, *mais jamais*, de taquineries, mais de la douceur,
» et toujours, sans jamais se lasser ; aimez *à donner*, mon-
» trez-vous généreuse, sachez bien que je ne serai contente
» de vous que lorsque vous en serez venue là.

» Vous le voyez, je vous fais toujours la guerre ; sachez
» bien que je me réserve le droit de la faire toujours sans
» relâche. Ces conseils sont bien sérieux pour votre âge,
» ma chère enfant ; mais l'affection me les a dictés, et celle
» que vous me portez vous les fera comprendre. Je n'ose
» vous parler de mes regrets. Sans doute vous quittez la
» classe le cœur déchiré ; mais soyez persuadée d'une chose,
» c'est que je souffre plus que vous, parce que j'aime davan-
» tage. Si au moins j'avais pu obtenir de vos parents la con-
» solation de vous garder jusqu'aux prix afin de pouvoir
» vous couronner une dernière fois, ma peine serait
» moins grande ; trois mois à peine nous séparent de cette
» époque. Oh ! que j'irais de bon cœur dégager la promesse
» de votre mère à la maîtresse d'apprentissage, si elle le
» voulait ! Venez au moins, si la chose n'est pas possible,
» me voir tous les dimanches ; je veux suivre vos progrès ;
» je veux vous accompagner de mes prières, de mes con-
» seils dans la nouvelle route que vous êtes appelée à par-
» courir ; je veux que toujours vous m'ouvriez votre cœur
» avec une confiance parfaite. Je vous ai élevée, ma chère
» enfant, j'ai préparé votre cœur pour que le divin Jésus s'y
» repose le jour de votre première communion ; les petits
» succès que vous avez obtenus dans vos études ont réjoui
» mon cœur ; votre fidélité à vos devoirs religieux m'a con-
» solée de l'abandon de tant d'autres. Vous êtes trop jeune
» pour comprendre toute la force de cette affection spiri-
» tuelle, pour savoir combien l'on aime l'enfant que l'on a
» vue grandir, et qui, par sa sagesse, par sa piété naissante,
» vous donne la douce assurance d'avoir travaillé avec
» quelque succès au salut d'une âme !

» Profitez bien, chère enfant, de ces derniers avis, mettez-

» les en pratique ; que je retrouve toujours en vous une en-
» fant chrétienne. Je ne vous parle pas de la fréquentation
» des sacrements : je suis sûre que vous y serez fidèle et que
» vous vous rappellerez toujours que là est la source de
» toute force, de toute sagesse, et qu'il est impossible, *mais*
» *impossible, entendez-vous*, de faire son salut, de rester
» pure dans le monde, si on s'éloigne de cette source de vie
» et d'amour. Adieu, chère enfant ; priez pour moi, recom-
» mandez-moi souvent, si vous m'aimez, aux Cœurs sacrés
» de Jésus et de Marie. »

Tels furent les accents que sœur Joseph trouva dans son cœur pour accompagner sa chère Marie au milieu du monde. La pieuse enfant répondit sans réserve à la sollicitude de sa bonne maîtresse ; ce petit écrit fut comme l'arme puissante dont elle ne se sépara jamais, et dont elle sut se servir dans toutes les luttes de l'âme et dans toutes les difficultés. Que de fois on la surprit tout en larmes occupée à relire ces conseils de l'expérience et de l'amitié, et chaque fois l'on put s'apercevoir qu'elle venait de renouveler et d'affirmer avec plus d'énergie sa résolution d'être fidèle à Dieu.

Ainsi préparée, M\ :sup:`lle` Moyon quitta, non sans d'amers regrets, la classe de la bonne sœur Joseph, pour entrer en apprentissage. Dans cette situation nouvelle, elle se montra telle qu'elle avait été sur les bancs de l'école, inviolablement attachée aux leçons qu'elle y avait reçues ; aussi son ancienne maîtresse eut le droit d'être fière de son élève. Esclave du devoir, la jeune apprentie donnait au travail la semaine tout entière ; mais le dimanche était à Dieu sans réserve : le matin de ce jour, lorsque cette faveur lui était accordée, elle allait puiser dans l'adorable Eucharistie la force et le courage pour la semaine suivante, et l'après-midi elle se gardait bien de manquer le pieux rendez-vous du *Patronage*. C'est à qu'elle retrouvait cette sœur Joseph qui lui avait si bien appris à aimer et à servir Jésus-Christ ; c'est là aussi qu'elle se rencontrait avec quelques pieuses compagnes élevées dans les mêmes sentiments et dont plusieurs aujourd'hui ont l'insigne honneur de servir les pauvres sous l'habit des filles de la Charité. Marie Moyon était alors l'une des plus jeunes de cette petite phalange, et cependant elle surpassait déjà toutes les autres par la ferveur de sa piété et par la noblesse de ses sentiments. Aussi la bonne sœur ne manquait pas de la proposer pour modèle, en disant avec une certaine complaisance : « Celle-ci, c'est ma petite » sainte. »

Elles étaient vraiment touchantes, ces réunions du Patronage de Notre-Dame de Passy ! Comme elles semblaient heureuses, ces jeunes ouvrières, lorsqu'elles étaient rassemblées autour de leur bonne maîtresse, dans cette maison aimée où elles avaient reçu les principes de l'éducation chrétienne ! Comme tout ce petit monde recherchait avec joie et simplicité, non pas les éloges ou même les encouragements la chère sœur, mais bien ses remontrances ou ses gronderies ! Comme on lui savait gré du soin avec lequel elle faisait remarquer les défauts et même de la vivacité avec laquelle elle réprimandait ! Avec quel empressement on se réunissait dans la petite chapelle de la maison pour entendre quelques paroles d'édification et recevoir la bénédiction du très-saint Sacrement. Ajoutons, pour tout dire, que la digne sœur n'était pas moins heureuse que ses bien-aimées filles ; quand elle les voyait se presser ainsi autour d'elle, elle leur appartenait sans réserve, et l'on savait bien dans la paroisse que le dimanche, sœur Joseph n'existait que pour son Patronage. Une œuvre accomplie dans les sentiments d'une si ardente charité ne pouvait que produire d'heureux fruits ; d'ailleurs le zèle de la bonne sœur ne se laissait pas déconcerter par les difficultés, ni effrayer par les obstacles ; aussi les peines et les fatigues qu'elle se donnait dans l'intérêt de ses chères enfants, ne lui semblaient que repos et consolation. Nous nous reportons toujours avec bonheur vers ces jours de grâce et de bénédiction, et nous demandons à Dieu d'en perpétuer le souvenir parmi nos Enfants de Marie ; nous avons la confiance qu'elles tiendront à honneur de suivre les exemples de leurs devancières, et qu'elles profiteront comme celle-ci des conseils qui leur sont donnés de si bon cœur, et des grâces de toute nature que Dieu daigne leur prodiguer.

La piété de Mlle Moyon, ses efforts de chaque jour, son assiduité exemplaire à toutes les réunions, la désignaient naturellement aux suffrages du conseil de l'Association. Elle même, tout en s'estimant indigne du titre d'Enfant de Marie, désirait ardemment pouvoir être admise dans l'Association ; elle sentait bien que ce serait un lien de plus qui l'attacherait au service de Dieu ; cette grâce, si vivement souhaitée, lui fut accordée au mois de décembre 1859. Il nous est permis de présumer qu'entre tous les jours de réception, celui-ci fut un jour heureux pour la bonne sœur Joseph ; ce dut être pour elle une vive satisfaction de voir cette enfant qui avait été l'objet de ses soins les plus tendres, et qu'elle honorait non-seulement de son affection, mais encore de toute son estime, faire solennellement à Marie Immaculée la consécration de son cœur. Ce jour fut pour Mlle Moyon un jour de joie bien pure : elle comprit toute l'importance du titre d'Enfant de Marie et les obligations que ce titre impose. Il lui sembla dès lors qu'elle touchait aux joies ineffables que procure le service de Dieu. La divine Providence lui réservait toutefois un jour de plus grande félicité, dont le jour de sa réception ne fut que le prélude.

Admise dans l'Association, Mlle Moyon redoubla de ferveur et de zèle ; on la vit prendre au pied de la lettre les promesses solennelles de sa réception. Les paroles qu'elle avait prononcées devant l'image de Marie Immaculée, ne furent point pour elle une vaine formule ; elles devinrent la devise qui résumait sa vie, la règle qui dirigeait sa conduite et présidait à ses moindres actions. Pénétrée des obligations qu'elle avait contractées, elle n'eut d'autre souci que de reproduire en son âme les vertus de la très-sainte Vierge, et dès lors elle s'exerça sans relâche à la pratique de l'humilité, de l'obéissance et de la charité.

A vrai dire, elle n'eut qu'à continuer ce qu'elle avait fait dès sa plus tendre enfance, et à demeurer fidèle aux habitudes qu'elle avait depuis longtemps contractées. De temps en temps, dans le cours de la semaine, un petit billet de la bonne sœur Joseph venait encourager sa ferveur. C'était une faveur avidement recherchée par les Enfants de Marie de recevoir ainsi un mot de leur vertueuse maîtresse, et, sous ce rapport, Mlle Moyon fut l'une des plus favorisées. Nous citerons ici, entre beaucoup d'autres, les lignes suivantes : « Habituez-vous, chère enfant, à vous faire dans le » Cœur de Jésus une douce retraite ; dites-lui tout, parlez-» lui, ou plutôt causez avec lui (le mot est le plus juste), » comme vous le feriez avec une amie. Que je voudrais, » Marie, voir en vous cette piété enfantine qui exclut la » crainte, qui ne voit en Dieu qu'un tendre père ; si ce » sentiment pouvait naître en vous, la pensée de Dieu y » serait habituelle ; toutes vos actions seraient bonnes, dou-» ces, faciles, parce qu'elles seraient toutes faites sous l'œil » d'un père... Oui, encore une fois, il faut que vos rapports » avec Dieu aient quelque chose d'enfantin. » C'est de la sorte que la pieuse enfant apprit peu à peu les grandes et sérieuses dévotions qui furent l'âme de sa vie. Confiance immense dans la protection du glorieux saint Joseph, abandon filial entre les mains de Marie Immaculée, et par-dessus tout amour sans réserve pour le Cœur adorable de Notre-Seigneur Jésus-Christ ; conformément aux recommandations de la bonne sœur Joseph, elle s'efforça d'établir sa demeure dans le Cœur du Sauveur ; Notre-Seigneur bénit ses pieux efforts et récompensa sa fidélité : en retour des hommages rendus à son divin Cœur par son humble servante, il daigna répandre sur toute sa personne cette remarquable modestie que l'on peut dire avoir été le trait caractéristique de notre vertueuse Enfant de Marie, et qui, reflétant à l'extérieur les sentiments intimes de son âme, commandait à quiconque l'approchait le respect et l'estime. C'était un consolant spectacle de voir cette grande jeune fille si simple et si modeste, portant sur ses traits le calme d'une bonne conscience, dédaignant les plaisirs, méprisant la parure, sacrifiant sa liberté pour se captiver sans cesse dans l'accomplissement du devoir, à l'âge où le cœur et les passions dans leur première ardeur, couvrent d'illusions tous les côtés sérieux de la vie.

Vers cette même époque (1860), la première communion de sa sœur Julie offrit à la pieuse Marie une heureuse occasion d'exercer son zèle; ce fut avec bonheur qu'elle s'appliqua à préparer ce jeune cœur à la grande action; ses efforts d'ailleurs furent couronnés de succès; aidée des pieux conseils et des bons exemples de sa sœur aînée, Julie Moyon fit saintement sa première communion. Nous ne devions toutefois qu'entrevoir cette vertu naissante; Dieu, quelques années plus tard, devait rappeler à lui cette sœur chérie qui répondait si bien aux soins affectueux qui lui étaient prodigués. Marie Moyon commençait ainsi au sein de sa famille une sorte d'apostolat, que bientôt elle devait s'efforcer d'étendre au dehors, en cherchant à faire connaître et aimer autour d'elle le service de Dieu.

Une telle Enfant de Marie ne pouvait manquer de profiter de toutes les faveurs spirituelles accordées à l'Association; elle se serait bien gardée de négliger aucun des moyens de sanctification offerts aux associées pour accroître leur zèle ou ranimer leur ferveur. Aussi on la vit toujours s'approcher avec régularité et grande édification des sacrements de Pénitence et d'Eucharistie; elle sentait bien que dans son sacrement, Jésus parle aux âmes et leur donne ses divines leçons; c'est là qu'elle apprit à vivre humble et cachée et à aimer tout ce que Jésus aime lui-même. Elle ne montrait pas un moindre empressement à suivre chaque année les pieux exercices de la retraite, et à écouter, dans la solitude de son cœur, les conseils et les inspirations secrètes de l'Esprit-Saint.

Ce sentiment à l'égard de la retraite est d'ailleurs de tradition dans notre chère maison de Notre-Dame de Grâce;

l'annonce des exercices spirituels est toujours reçue avec grande joie par les Enfants de Marie ; nous sommes heureux de trouver en elles cette disposition qui prépare et assure l'œuvre du missionnaire, et nous ne pouvons que les encourager à persévérer dans cet excellent sentiment.

La retraite de l'année 1862 eut pour Mlle Moyon une importance toute particulière. Ce fut pendant cette retraite qu'elle entreprit d'étudier les desseins de Dieu sur son âme. Elle était alors dans sa dix-huitième année ; depuis longtemps son apprentissage était terminé ; son habileté et son application au travail, ses habitudes d'ordre et d'économie lui avaient déjà fait une position modeste sans doute, mais qui pouvait grandir : il lui sembla que le moment était venu de prendre une détermination pour l'avenir. Ce fut donc pendant ces jours d'un recueillement plus profond, après avoir fait, selon le conseil de l'Esprit-Saint, la solitude dans son cœur, qu'elle se demanda ou plutôt demanda à Dieu si elle devait songer à un établissement au milieu du monde, ou bien suivre l'attrait intérieur qui la portait à rechercher dans la vie religieuse la douceur et la suavité du joug de Jésus-Christ.

Il n'y avait pas besoin d'être bien versé dans les choses de la vie spirituelle pour reconnaître que cette âme, ainsi prévenue des grâces de Dieu, n'était point destinée à vivre de la vie commune au milieu du monde, et personne ne doutait que Notre Seigneur ne se fût réservé ce cœur pour lui seul ; aussi lui fut-il répondu qu'elle devait suivre sans réserve l'attrait intérieur et le regarder comme l'appel de Dieu. Cette décision combla de joie Mlle Moyon, et son unique désir fut d'exécuter au plus tôt ce que Dieu semblait lui demander. Toutefois les circonstances ménagées par la divine Providence, lui préparaient une vocation spéciale et à laquelle elle ne pensait pas. Dieu lui laissait ses aspirations pour la vie religieuse, soit pour lui donner le mérite du désir d'une vie parfaite ou celui du sacrifice de ses aspirations elles-mêmes, soit pour servir de stimulant à la perfec-

tion à laquelle il l'appelait; mais, en même temps, il la réservait, au milieu du monde, à une mission d'édification pour sa
famille, pour ses compagnes et pour toute sa paroisse.

De cette retraite de 1862 date le règlement de vie que
Mlle Moyon observa fidèlement jusque sur son lit de mort.
Ce règlement peut être à bon droit proposé comme un
modèle de la ligne de conduite que doit se tracer une Enfant
de Marie; on n'y rencontre point de détails singuliers ni de
formules affectées; mais on y trouve indiqués les moyens les
plus propres à guider une âme dans les voies de la perfec-
tion; la prière y a sa place spéciale; mais le travail sanc-
tifié par le souvenir de la présence de Dieu, accompli en
esprit de pénitence et uni à celui de Notre-Seigneur sur la
terre, doit devenir lui-même une prière; on y voit scrupuleusement marqués les instants où, selon le conseil des
maîtres de la vie spirituelle, il convient de se recueillir, afin
de scruter, la conscience et prendre des résolutions destinées
à combattre les penchants de la nature. La conduite de
chaque journée y est tracée, avec les petits sacrifices, les
pratiques de piété et les actes de mortification à accomplir,
afin de ne rien laisser au caprice de la volonté ou aux
hésitations de la nature. D'ailleurs tout l'esprit et le sens de
ce règlement se trouvent exprimés dans la prière d'offrande
et dans les résolutions de retraite qui l'accompagnent. Voici
comment la pieuse jeune fille présentait à Notre-Seigneur
la règle qu'elle venait de s'imposer : « Je vous offre, ô Jésus,
» ce petit règlement; je prends l'engagement de le faire
» tous les jours, avec votre grâce et la protection de
» Marie, jusqu'à ce que j'en aie un qui me rapproche da-
» vantage de vous; je le remets entre les mains de votre
» divine Mère, afin qu'elle me donne la force de l'accomplir
» de mon mieux. O bonne et douce Marie, faites que je
» vous aime toujours, et conduisez-moi à votre divin Fils
» comme une de vos enfants privilégiées, en demandant
» pour elle la grâce de faire toujours sa sainte volonté. »
A cette offrande vient s'ajouter cette résolution fondamen-

tale : *Se sacrifier en tout, ne jamais rechercher son propre plaisir, mais le bonheur de servir Dieu.* C'est là le point sur lequel elle insiste à plusieurs reprises ; on voit que c'est l'objet de ses désirs, le but constant de ses efforts, et, dans ses prières, elle ne demande pas autre chose : « O divin Jésus, disait-
» elle au bon Maître, vous voyez une enfant qui a un cœur
» qui voudrait vous aimer, mais qui est si faible, si incon-
» stant et surtout si froid ! donnez-lui donc un peu de votre
» divin amour, qu'il l'enflamme, et qu'il lui donne tout le cou-
» rage nécessaire pour faire ce qu'elle promet, surtout pour
» se sacrifier pour vous. Vous avez tant souffert pour ce
» pauvre cœur, et moi, je ne pourrais pas faire la plus petite
» privation pour vous ! O Jésus, loin de moi cette indiffé-
» rence ! faites-moi la grâce de vous aimer toujours de
» plus en plus et de vous chercher toujours dans le sacri-
» fice de tous mes goûts. Vierge Marie, bénissez-moi,
» bénissez mes résolutions, présentez-les sans cesse à votre
» divin Fils ; je me sacrifierai toujours sous vos yeux, afin
» que votre regard m'encourage ; voilà la grâce que je vous
» demande, il faut que vous me l'accordiez. *Dieu seul !* »

C'est ainsi qu'elle comprenait le but que se doit proposer une âme chrétienne dans son règlement de vie. Elle était bien décidée à lier, au moyen de cette règle, sa propre volonté ; au reste, ce sentiment était si profondément gravé dans son cœur qu'on le trouve formellement exprimé dans toutes ses résolutions de retraite et avec une insistance toute particulière. Une fois, entre autres, elle s'en exprimait de la sorte : « Vous savez, ô mon Dieu, combien *je veux* que
» ma volonté soit tout à vous ; vous voyez et vous avez
» toujours vu le fond de mon cœur, je n'ai d'autre volonté
» que de faire toujours la vôtre. » Notre-Seigneur, sans aucun doute, eut pour agréables de telles dispositions ; dès lors il ménagea à Mlle Moyon des épreuves successives, en lui offrant en même temps des grâces et des faveurs spé-ciales, par lesquelles il l'attachait chaque jour plus indisso-lublement à son service.

C'est à dater de ce moment que la vie de notre pieuse Enfant de Marie revêt son caractère particulier ; sa vertu, qui, jusque-là, s'est épanouie au milieu du calme et de la sérénité, va se perfectionner et grandir au milieu des amertumes et des douleurs ; sa résignation triomphera des peines et des afflictions aussi bien que de ses souffrances presque continuelles, et en même temps ses bonnes œuvres de chaque jour marqueront ses progrès dans les voies de Dieu.

Cependant Mlle Moyon appelait de tous ses vœux le jour où il lui serait permis de quitter le monde et de revêtir le saint habit des filles de la Charité ; mais ce bonheur tant souhaité semblait s'éloigner d'elle à mesure qu'elle croyait le toucher de plus près. En 1863, quelques semaines seulement après la retraite pendant laquelle elle avait mûri et renouvelé ses résolutions de l'année précédente, son frère fut frappé d'une maladie qui le conduisit rapidement aux portes du tombeau. Elle comprit bientôt qu'une catastrophe était imminente, et son unique préoccupation fut de procurer au pauvre jeune homme les secours de religion. Dans ces pénibles circonstances, ses chers parents, brisés par la douleur, avaient besoin de ses chrétiennes et affectueuses consolations ; elle sut les leur prodiguer avec un complet dévouement. Ce deuil de famille l'obligeait ainsi à ajourner, pour quelque temps du moins, son pieux projet, quand, au mois d'octobre de cette même année 1863, Dieu rappela à lui la bonne sœur Joseph.

Cette vertueuse fille de la Charité succomba, comme elle l'avait souhaité, au milieu de ses chères enfants et dans l'accomplissement de son œuvre de prédilection ; c'était un dimanche, le 4e jour d'octobre, fête du très-saint Rosaire ; le matin même, entourée des Enfants de Marie, elle assistait à la première messe et participait avec elles au festin eucharistique ; comme de coutume, elle les avait accompagnées au catéchisme de persévérance et leur avait donné ses avis habituels ; quelques heures plus tard, elle rendait son âme à

Dieu, et allait recevoir la récompense de son zèle et de son dévouement. Les Enfants de Marie ne s'attendaient point à cette brusque séparation ; il y avait longtemps que leur vénérée maîtresse souffrait ; on s'était, pour ainsi dire, accoutumé à la voir en cet état, et l'on s'était bercé de l'espoir de la conserver longtemps encore. La douleur fut immense ; plus que toute autre, Mlle Moyon sentit la violence du coup porté par la divine Providence ; elle perdait, en effet, le conseil et l'appui de ses jeunes années ; elle se sentait privée de l'amie dévouée qui lui avait découvert les horizons de la vertu et indiqué les voies qui mènent à Dieu. Mais, tout en répandant des larmes bien légitimes, elle se sentit consolée par l'espoir d'avoir au ciel pour protectrice sa chère et bien-aimée maîtresse.

D'ailleurs, avant de quitter ce monde, sœur Joseph avait pu ménager à sa chère Marie une grâce de prédilection. Par suite de la mort de son frère, obligée de différer son entrée en communauté, Mlle Moyon offrait à Notre-Seigneur le sacrifice momentané de ses vœux les plus chers, quand la bonne sœur lui proposa de se lier plus intimement au divin Maître par le vœu de chasteté. Une telle proposition surprit la pieuse Enfant de Marie ; ce n'est pas qu'elle redoutât de contracter un tel engagement : ce vœu, en effet, n'allait rien changer aux dispositions intérieures de cette âme innocente, il devait seulement les consacrer par un acte plus parfait ; mais elle se trouvait indigne d'un tel honneur, et elle ne s'estimait pas que son cœur fût assez pur pour l'offrir ainsi à Notre-Seigneur. Aussi ce ne fut qu'après avoir prié et mûrement réfléchi que Mlle Moyon se décida à suivre les pieuses insinuations de sa digne maîtresse et amie ; mais, alors, elle se donna sans réserve au divin Maître ; en effet, si ce vœu, conformément aux règles de la prudence, fut d'abord temporaire, le sacrifice fut dès ce moment complet et définitif. En cet instant solennel, elle fut aidée des pieuses inspirations de sa bonne maîtresse ; celle-ci, non contente de lui avoir insinué la pensée de ce vœu, voulut encore lui tracer la formule de son engagement, lui suggerer les sentiments de reconnaissance et d'amour qui doivent remplir une âme à laquelle Jésus-Christ accorde un tel privilége, et, en même temps, lui annoncer les épreuves et les peines auxquelles doit s'attendre l'Epouse d'un Dieu couronné d'épines. Ces inspirations furent comprises, et un sentiment d'immense consolation inonda cette âme qui s'abandonnait tout entière à Notre-Seigneur Jésus-Christ.

Il y avait à peine quelques semaines que Mlle Moyon s'était liée au divin Maître par cet engagement solennel, quand Dieu rappela à lui notre excellente Directrice du Patronage, la bonne sœur Joseph. Cette mort allait imposer à la pieuse Enfant de Marie de nouveaux devoirs, à l'égard de l'œuvre si intéressante du Patronage ; Dieu devait avoir des vues particulières sur cette âme qu'il avait comblée de faveurs et de grâces spéciales ; il lui réservait, en effet, ja mission de soutenir et de fortifier l'œuvre chérie de sœur Joseph en encourageant ses compagnes et en les attirant par ses exemples au service de Dieu.

Lors de l'érection canonique de l'Association des enfants de Marie, l'usage s'était établi de ne point choisir les membres du Conseil parmi les jeunes ouvrières du Patronage. Cette exclusion, nécessaire peut-être au moment d'un premier établisssment, avait cependant des inconvénients ; et l'on put facilement s'en convaincre lorsque sœur Joseph ne fut plus là pour classer les mérites des aspirantes et éclairer les suffrages du Conseil. On pensa qu'il convenait dès lors de s'en tenir aux sages règlements de l'Association et de suivre exactement les indications du *Manuel*. En conséquence de cette décision, peu de temps après la mort de la sœur Joseph, on procéda à une élection.

Les suffrages unanimes des Enfants de Marie désignèrent Mlle Moyon pour la charge de Présidente ; nulle n'était plus digne de cette fonction, ni plus capable de la bien remplir ; toutefois l'humble Enfant de Marie s'en croyait indigne, et l'obéissance seule put lui faire accepter la mission qu'on voulait lui imposer ; elle s'en acquitta d'ailleurs avec succès, et sut maintenir parmi ses compagnes le bon esprit que sœur Joseph s'était efforcée de leur inspirer.

Dès cette époque, Mlle Moyon s'approchait plusieurs fois la semaine de la sainte Eucharistie. Notre-Seigneur semblait prendre plaisir, dans ces communions fréquentes, à lui servir de Maître, et à former lui-même son esprit et son cœur; de la sorte, l'intelligence de la pieuse jeune fille s'ouvrait plus complétement aux choses de la vie spirituelle, en même temps que le pain eucharistique lui donnait la force et l'énergie nécessaires pour supporter les épreuves·

Une année s'était à peine écoulée depuis que Mlle Moyon remplissait la charge de Présidente, quand Dieu lui demanda un nouveau et pénible sacrifice ; au mois de janvier 1865, elle perdit sa sœur Julie. Digne à tous égards de son aînée, cette chère enfant couronna, par une mort édifiante, une vie innocente et pure; pour notre·part, nous n'oublierons jamais cette piété et cette ferveur extraordinaires avec laquelle elle reçut la sainte communion trois jours avant sa mort; il était impossible de n'être pas profondément touché de ce recueillement, de cette expression d'ineffable bonheur qui semblait un avant-goût de la félicité céleste. Ce fut sans doute pour Mlle Moyon une grande consolation de voir cette sœur bien-aimée s'endormir en de tels sentiments dans la paix du Seigneur; mais ce deuil, joint au délabrement de sa santé, venait ruiner toutes ses espérances et lui imposait la douloureuse nécessité de renoncer au vœu le plus cher de son cœur. Elle comprit d'ailleurs la volonté du divin Maître, et accepta sans réserve ce suprême sacrifice ; la retraite de 1865 fut tout entière employée à cet acte de complète résignation. Au pied de son crucifix, contemplant le sublime abandon de Jésus obéissant jusqu'à la mort, elle traçait les lignes suivantes, qui dévoilent les aspirations de son âme : « Que puis-je vous offrir, ô mon bien-aimé, qui » vous soit plus agréable que ma volonté, que je sens si » forte en ce moment où toutes mes pensées d'avenir se

» trouvent comme brisées ? Mais, mon Dieu, c'est **dans** ces
» jours de peine et de tristesse que mon pauvre cœur dé-
» borde de reconnaissance envers votre bonté, qui m'a
» ouvert l'abri de votre divin Cœur ; car où trouver de la
» consolation sinon en vous, qui faites se réjouir vos servi-
» teurs au milieu des plus grandes tribulations? Aussi, mon
» Dieu, voilà mon cœur, tout abattu qu'il est, ne désirant
» qu'une seule chose, m'abandonner à votre bon plaisir,
» sachant bien qu'en vous est ma seule force et tout mon bien. »

Animée de telles dispositions, Mlle Moyon entra dans la voie définitive que lui traçait la volonté de Dieu ; elle avait encore neuf années à passer sur cette terre, et ces neuf années, destinées par la divine Providence à la sanctification de son âme, devaient être un perpétuel sacrifice. C'est dans ce laps de temps (en 1870) qu'elle aura la douleur de perdre son père ; mais, quand elle lui fermera les yeux, elle l'aura préparé à finir chrétiennement ses jours, et lui aura procuré avant le dernier passage les secours de la religion. Puis, après ce nouveau deuil, Dieu la laissera encore pendant quatre années à son excellente mère, pour être sa consolation et son appui, jusqu'à ce que celle-ci soit devenue elle-même assez forte et assez résignée pour accepter une séparation plus douloureuse encore.

Pendant ces neuf dernières années, Notre-Seigneur deman-da de Mlle Moyon la complète abnégation de sa propre vo-lonté ; mais, en même temps, il lui ouvrit sans réserve l'abîme de ses grâces et de ses miséricordes. Cette même année (1865), en échange de cette vie religieuse à laquelle il lui fallait renon-cer, on l'engageait à substituer au vœu temporaire de chas-teté un vœu perpétuel. Etonnée et surprise d'abord, car elle ne pensait pas qu'il lui fût permis de prétendre si tôt à un tel honneur, elle s'empressa de rendre grâce à Notre-Seigneur, et ce fut avec un immense sentiment de reconnais-sance qu'elle fit au divin Maître la consécration irrévocable de tout son être.

Ce jour fut le plus heureux de son existence ; elle s'en

expliqua plusieurs fois pendant sa dernière maladie, surtout pendant les dernières semaines. Cet acte de suprême abandon entre les mains de Notre-Seigneur avait été, disait-elle, un moment d'ineffables délices, qui laissait bien loin en arrière le jour de sa première communion et celui de sa réception comme Enfant de Marie ; elle ajoutait que pour exprimer les sentiments que son âme avait éprouvés, le langage humain était impuissant. Nous ne pouvons mieux faire, que de transcrire ici les lignes suivantes, écrites sans doute par Mlle Moyon au jour anniversaire de sa consécration à Notre-Seigneur ; elles nous permettront d'entrevoir les saintes émotions de son cœur : « O mon cher bien-aimé » Jésus, étant entièrement à vous, et ne cherchant et ne » désirant qu'une chose, vous aimer plus que je ne l'ai fait » jusqu'à présent, je vous redonne de nouveau mon cœur, » afin que vous le possédiez dans ses plus petits mouvements, » dans ses moindres désirs et occupations ; je me remets » entièrement entre vos mains, comme entre les mains du » meilleur des pères et du plus tendre des époux ; vous êtes » à moi, et je suis à vous ; vous le savez, bien-aimé Jésus, » vous êtes toute ma vie et tout mon bonheur. Que ne puis-je » avoir un cœur digne de vous, ó mon aimable Epoux, une » voix assez forte pour louer et exalter vos bontés et vos » miséricordes à mon égard ! Je voudrais pouvoir exprimer » ce que mon cœur éprouve d'amour, de reconnaissance et » de bonheur au service d'un si bon Maître. Que n'ai-je la » facilité de faire connaître à tous les cœurs la douceur et » la suavité que l'on éprouve à se donner absolument à son » Créateur et à son Dieu ? Merci, merci, mon Dieu, de la » part que vous m'avez choisie, elle est bien la meilleure ; » aussi, cher bien-aimé, avec elle j'accepte toutes les peines, » toutes les épreuves, toutes les souffrances tant spiri- » rituelles que corporelles ; je vous les demande même, » si je n'en suis pas trop indigne, puisque tel est le partage » de vos chers amis. Peut-on payer trop cher le bonheur » de vous appartenir ? »

Celle qui exprimait à Notre-Seigneur les sentiments de son
âme avec une si touchante simplicité, jouissait dès lors de
l'insigne faveur de la communion quotidienne. Jésus, prodigue de lui-même à l'égard de ceux qui l'aiment, voulait se
donner sans mesure autant qu'il peut se donner sur cette
terre ; c'est à ce pain céleste, à cette nourriture divine, que
Marie Moyon demandait l'énergie nécessaire pour surmonter
ses infirmités et ses continuelles souffrances. Au reste, il
n'est pas d'effort qu'elle ne fît pour profiter chaque jour de
cet incomparable bienfait. Pendant la dernière année de sa
vie surtout, alors que ses forces commençaient à défaillir, il
lui fallut bien souvent faire à la nature une extrême violence
pour satisfaire son ardent désir de recevoir son Dieu. Notre-
Seigneur, d'ailleurs, bénissait ces luttes généreuses ; il semblait prendre plaisir à voir les efforts de sa fidèle servante,
et l'aidait à dominer le mal qui minait son existence. Au
surplus, il y a lieu de le penser, la divine Eucharistie fut
l'aliment qui soutint cette santé délabrée et retarda la catastrophe finale pendant un temps encore relativement assez
long ; car, dès 1867, le mal était déjà si violent qu'on pouvait
le croire arrivé à son dernier degré, et l'on avait perdu tout
espoir de guérison.

Ainsi soutenue par les faveurs exceptionnelles du divin
Maître, Mˡˡᵉ Moyon passa ses neuf dernières années dans la
pratique de toutes les bonnes œuvres. Elle ne connut point
d'autre but, elle n'eut point d'autre occupation que la gloire
de Dieu et le salut des âmes. Or, pour apprécier ses bonnes
œuvres, il ne faut pas perdre de vue qu'elles furent le fruit
du travail incessant auquel elle se livra, jusqu'au jour où ses
forces l'abandonnèrent complétement ; et cependant elle mul-
tipliait autour d'elle ses bienfaits. Nous l'avons vue recueillir
près d'elle deux orphelines ses parentes, et, pour les élever
chrétiennement et assurer leur avenir, sacrifier ce qui lui
restait de forces et de vie. En même temps, elle offrait à l'une
de ses compagnes une charitable et fraternelle hospitalité,
afin de faciliter son entrée dans la vie religieuse. Cette der-

nière œuvre porte le cachet d'une charité peu commune, et Dieu l'a bénie d'une manière toute particulière. Aujourd'hui, fille de la Charité, celle qui a été l'objet d'un tel bienfait a eu la consolation de voir sa propre sœur suivre la même voie, et Dieu a comblé ses vœux en ramenant son père et sa mère à la pratique de leurs devoirs religieux. Nous savons d'ailleurs quelle reconnaissance elle garde en son cœur, et combien lui est précieux le souvenir de la pieuse amie à laquelle elle doit son propre bonheur, celui de sa sœur et la conversion de ses parents.

Les grandes œuvres catholiques de la Propagation de la foi, du Denier de saint Pierre, etc., ne pouvaient, non plus, manquer d'être chères à Mlle Moyon ; elle s'y associait par de généreuses offrandes, et son cœur eût certainement désiré pouvoir faire encore davantage ; mais, non contente de manifester ainsi son zèle pour le salut des âmes, son amour pour la sainte Eglise, sa vénération profonde pour le souverain Pontife, elle savait encore trouver des ressources pour venir en aide à toute sorte d'infortunes, qu'elle soulageait avec toute l'ingénieuse délicatesse qui distingue la vraie charité. Il n'est probablement pas d'œuvre à laquelle elle n'ait apporté son concours. Son cœur n'était jamais fermé, et sa main s'ouvrait avec bonheur pour donner. Et néanmoins que de difficultés n'eut-elle pas à surmonter, pour ne pas restreindre ses aumônes depuis le commencement des jours d'amertume et d'épreuves que traverse la France, et continuer à prélever, sur le gain de chaque jour, la large part qu'elle avait accoutumé d'attribuer à Jésus-Christ dans la personne des pauvres ! C'est là un exemple touchant offert aux Enfants de Marie, qui leur montre, une fois de plus, ce que peut un cœur animé de la charité ; leçon muette, mais bien forte, pour tant de jeunes filles avides de vanité et de luxe, qui dissipent en frivolités le gain de chaque jour, sans penser à venir en aide à leurs familles, et sans songer à mettre de côté quelques épargnes pour les nécessités de l'avenir.

Cependant il ne suffisait pas à la charité de Mlle Moyon de répandre en aumônes le fruit de son travail ; elle savait encore trouver en son cœur de bonnes paroles et offrir de sages conseils à quiconque réclamait ce service de son amitié ; elle savait consoler ceux qui étaient affligés, encourager ceux qui se sentaient faiblir, et ramener au service de Dieu les cœurs qui s'en étaient écartés. En soulageant la misère du pauvre, elle n'oubliait pas de lui faire en même temps l'aumône spirituelle et de l'exhorter au bien ; elle aimait à parler du bon Dieu aux petits enfants qui venaient lui demander l'aumône, et elle les engageait à fréquenter les écoles, où ils apprendraient à servir Dieu et à aimer le travail. La simplicité et l'humble sentiment avec lesquels elle accomplissait ces œuvres diverses, leur donnait un charme particulier ; elle ne croyait pas, en agissant ainsi, mériter aucune estime, et ne pensait pas faire mieux que les autres ; aussi la vit-on, pendant sa dernière maladie, s'étonner de l'intérêt que tant de personnes lui témoignaient.

Ces sentiments d'humble simplicité, bien que cachés au dedans de l'âme, et, de leur nature, si délicats qu'ils cessent d'exister dès qu'ils essayent de paraître, ont cependant dans les sens extérieurs un reflet que ne peuvent dissimuler les efforts de l'humilité. Cette douce modestie qui forme l'auréole de la vertu, est comme le signe de Jésus-Christ imprimé sur le front de ses fidèles serviteurs. Ce signe de Jésus-Christ, ce reflet des sentiments intimes de l'âme apparaissait manifestement dans tout l'extérieur de Mlle Moyon ; simple dans sa mise, sans jamais oublier les règles d'une parfaite convenance et d'une tenue irréprochable, elle donnait suffisamment à entendre que ses aspirations n'étaient point pour la terre. La réserve de ses paroles, la dignité de ses manières, l'ordre de tout son maintien, avec la délicatesse de sentiments qu'elle apportait dans toutes ses relations, indiquaient la présence de Jésus-Christ dans son âme, et faisaient honorer, en toute occasion, son caractère et respecter son avis. Cette modestie, on l'a remarqué plus haut, fut un don particulier de Dieu, dont la Providence se servit pour lui concilier l'estime, mettre en relief sa vertu et préserver en même temps son cœur de tous les dangers et séductions du monde. D'ailleurs, agissant toujours en la présence de Dieu, uniquement occupée de lui plaire, Marie Moyon vivait au milieu du monde comme n'y vivant pas ; elle ne songeait qu'à se dérober aux regards, et cette disposition de son âme lui donnait, à son insu, une dignité, une élévation de sentiments qui la rendaient de beaucoup supérieure aux jeunes filles de sa condition.

Cette union de tous les instants avec Notre-Seigneur Jésus-Christ développa dans la pieuse Enfant de Marie une admirable simplicité, jointe à une remarquable prudence. Il n'était point difficile de lire au fond de son âme ; car, désireuse d'accomplir en toutes choses la volonté de Dieu, elle s'appliquait à étudier et connaître son propre cœur. Elle savait ouvrir son âme et communiquer avec exactitude ses dispositions intérieures ; mais, en même temps, elle apportait dans ces communications une sage discrétion ; elle savait dire ce qui était nécessaire ou utile, mais elle n'ajoutait rien qui ne tendit au but qu'elle se devait proposer ; fidèle, d'ailleurs, en tout point à son règlement, elle se serait bien gardée de s'en écarter dans une affaire aussi considérable que la direction de sa conscience ; aussi, guidée par les sages prescriptions qu'elle s'était tracées, elle put franchir rapidement les degrés des vertus. L'on ne saurait trop exhorter les Enfants de Marie à suivre de tels exemples, et à acquérir cette sage discrétion avec laquelle Mlle Moyon savait, dans la direction de sa conscience, écarter tout ce qui n'eût point servi à son avancement, évitant ainsi l'abus que bien des personnes de dévotion font d'un moyen de salut très-efficace. Il n'est presque pas besoin d'ajouter qu'instruite par Notre-Seigneur dans le silence de l'oraison, notre chère Présidente se distingua toujours par une piété éclairée et exempte de toute exagération. Pénétrée des leçons d'abnégation qui sont le fondement de la vie chrétienne, elle savait qu'en dehors de l'obéissance, les meilleures actions perdent leur valeur ; aussi l'apparence même du bien ne pouvait la séduire, ses pratiques de piété aussi bien que ses mortifications étaient soumises à l'obéissance, évitant ainsi les illusions de l'amour-propre, non moins que l'inconstance. D'autre part, fidèle à la loi que Dieu a imposée à l'homme, elle ne connut jamais l'oisiveté ou le désœuvrement; elle aimait ce travail de chaque jour, elle était heureuse de gagner son pain comme le divin Maître, au moyen du travail de ses mains; et, alors que tant d'autres, dans toute la plénitude de la force et de la santé, ne soupirent qu'après le repos ou ne songent qu'au plaisir, Mlle Moyon, au milieu de souffrances et d'infirmités presque continuelles, se livrait au travail sans trêve ni merci. Et ce ne fut que lorsque l'ouvrage lui tomba des mains qu'elle crut pouvoir y renoncer.

C'était au mois de septembre 1873; depuis près d'un an, Mlle Moyon, avec une énergie peu commune et sans rien relâcher de la règle qu'elle s'était imposée, luttait contre le mal qui minait depuis une dizaine d'années son existence. Vaincue par la défaillance de ses forces, elle sentit bien qu'elle était frappée à mort, et se prépara à paraître devant le souverain Juge, ou plutôt, pour parler avec plus de vérité, elle se disposa à aller vers l'Epoux de son âme. Depuis longtemps, d'ailleurs, la pensée de la mort lui était familière; habituée à considérer le dernier passage comme le terme de l'exil, elle entrevoyait avec joie le moment de se réunir à son Dieu. Les premières paroles du psaume 121e, « Je me suis » réjouie de ce qui m'a été annoncé, je vais dans la maison du » Seigneur, » traduisent bien les aspirations de son âme: elles se trouvent, en effet, consignées sur un petit cahier de notes où la pieuse Enfant de Marie avait coutume de marquer les sentences ou les résolutions qui allaient à son cœur.

Dès ce moment, elle s'occupa de consoler et d'encourager sa bonne mère, et de la préparer, en quelque sorte, à la séparation. Pour sa part, elle semblait éprouver une joie singulière à la pensée que probablement sa fin était prochaine. Quelqu'un l'engageant à demander à Dieu sa guérison, elle s'y refusa, en alléguant l'infirmité de sa foi et en disant qu'elle s'en remettait à la volonté de Dieu; une autre fois, on l'entendit exprimer le désir de pouvoir offrir le sacrifice de sa vie pour le triomphe de la sainte Eglise et pour le salut de la France. Un peu plus tard, une personne qui avait sa confiance voulut s'assurer si elle connaissait son état, et crut devoir, en conséquence, lui parler franchement et sans aucun détour de la gravité de la situation; la réponse de la pieuse malade lui prouva qu'elle ne se faisait point illusion et que non-seulement elle acceptait avec soumission la volonté de Dieu, mais encore que, consumé par le divin amour, son cœur était tout plein de cette pensée de l'apôtre saint Paul : « Quand donc serai-je délivré de ce pauvre corps » mortel? mon âme aspire à en être séparée pour être » avec Jésus-Christ. » Cette aspiration, d'ailleurs, n'était point nouvelle dans le cœur de Mlle Moyon; car plus de dix ans auparavant (très-probablement en 1862), elle écrivait à la vénérée sœur Joseph : « Que je serai heureuse quand le bon » Dieu m'appellera à lui! mais je crois qu'il ne veut pas » encore de moi, parce que je ne suis pas assez bonne. » Depuis lors, ce sentiment n'avait pu que grandir; les phases diverses de sa vocation particulière, les sacrifices de chaque jour, l'ensemble de toute sa vie étaient propres à le développer.

Du reste, Notre-Seigneur la favorisa dans la lutte suprême d'un calme incomparable : elle répéta bien des fois que les jugements de Dieu ne lui causaient aucune épouvante. Il lui semblait, disait-elle, que lorsqu'elle aurait vu le bon Dieu, rien ne pourrait l'en séparer, s'appropriant ainsi la parole du divin cantique : « Mon âme a trouvé Celui qu'elle aime, » elle ne s'en séparera jamais. » Elle ajoutait qu'elle n'éprouvait aucun regret de quitter la terre, ne se sentant aucune attache ici-bas, et que tout son sacrifice était dans le sentiment de la douleur que sa mère ressentirait de la séparation. Toutefois, voulant prévenir les illusions qui pouvaient survenir, elle demanda qu'on voulût bien l'avertir quand il serait temps de recevoir les derniers sacrements.

Pendant sa longue maladie, Mlle Moyon eut la consolation de recevoir chaque semaine la sainte communion. Ses longues insomnies étaient employées à se préparer à s'unir à son Créateur et à s'identifier chaque jour plus parfaitement avec le mystère de l'Eucharistie. C'était là, d'ailleurs, son unique jouissance. L'image de Jésus crucifié ne la quittait jamais ; elle pressait bien souvent la croix sur son cœur ou sur ses lèvres, et trouvait dans le souvenir du sacrifice du Sauveur, l'énergie nécessaire pour supporter ses souffrances ; aussi son courage et sa résignation ne se démentirent pas un seul instant ; jamais ni plaintes ni murmures ne tombèrent de ses lèvres. Une seule chose l'inquiétait et lui était pénible, c'était la pensée que sa maladie causait à sa pauvre mère un surcroît de fatigues ; aussi le médecin qui l'a soignée, la voyant accepter sans rien objecter toutes ses prescriptions, n'a pu s'empêcher d'exprimer son étonnement et de dire que sa malade était vraiment un modèle de patience et de résignation chrétienne ; d'ailleurs, au milieu des angoisses de la maladie, elle demeurait fidèle au règlement de vie qu'elle s'était tracé en 1862, et elle n'oubliait aucune des dévotions chères à son âme.

Cependant, au commencement de mars 1874, les forces de notre malade diminuèrent sensiblement, et vers le milieu du mois, elle tomba dans un tel état de faiblesse, qu'elle semblait n'avoir plus que peu de jours à passer sur la terre ; on crut, en conséquence, devoir lui proposer de recevoir le saint Viatique et l'Extrême-Onction. Mlle Moyon entendit avec bonheur cette communication, et son visage s'illumina des rayons d'une joie toute céleste. C'était dans l'après-midi du 24 mars : l'Eglise, dans la récitation du saint office, avait déjà commencé la fête du lendemain ; la pieuse malade était tout heureuse de penser qu'elle irait peut-être célébrer au ciel l'anniversaire de sa consécration à Notre-Seigneur Jésus-Christ.

Elle reçut avec les sentiments de la plus tendre piété et le plus profond recueillement les derniers sacrements. Sa pauvre mère, brisée par la douleur et sentant la séparation imminente, donnait un libre cours à ses larmes ; une vive émotion dominait tous ceux qui étaient présents, seule la pieuse malade conservait une sérénité et un calme parfaits ; tout unie à son Dieu, renouvelant en son cœur toute sa consécration à Jésus et à Marie, elle n'avait plus d'aspirations que pour le ciel. Toutefois l'heure suprême n'était pas encore arrivée ; il plut à Dieu de nous laisser encore pendant quinze jours admirer comment l'âme juste se prépare au dernier passage, et apprendre à bien mourir.

Pendant ces quinze derniers jours, la conversation de notre chère présidente fut encore plus sainte et plus édifiante que de coutume ; elle ne voulait plus aucunement s'occuper des choses de ce monde, elle ne voulait parler que de Dieu. Plusieurs Enfants de Marie vinrent la visiter, elle les entretint de sa fin prochaine et du bonheur de se réunir à Dieu, et leur demanda en même temps de vouloir bien l'assister de leurs prières au moment suprême, leur promettant de ne pas les oublier à son tour lorsqu'elle serait en possession du souverain bien. Enfin, avec une entière liberté d'esprit et un calme extraordinaire, elle régla la célébration d'un certain nombre de messes pour le repos de son âme ; elle fit cette disposition avec autant de tranquillité que s'il se fût agi de régler le compte d'une journée.

Ce fut dans ces derniers jours qu'elle parla avec plus d'enthousiasme du bonheur qu'elle avait goûté au service de Dieu ; il semblait que son zèle pour la gloire de Dieu prenait un nouvel accroissement, et qu'elle faisait un dernier effort pour entraîner des âmes vers le ciel. Dans ces pieux sentiments elle passa les jours de la semaine sainte, unie par la pensée aux mystères douloureux que célébrait alors la sainte Eglise ; elle identifiait ses souffrances avec celles de Jésus crucifié. Le jour de Pâques, 5 avril, elle se trouva extrêmement faible ; son confesseur, étant venu la visiter, lui proposa de réitérer le lendemain le saint Viatique ; c'était la seconde fois depuis le jour où elle avait reçu l'Extrême-Onction , et ce fut sa dernière communion. Comme toujours, elle reçut son Seigneur avec les sentiments de la piété la plus pure ; d'ailleurs elle se sentait défaillir, et elle jugeait bien que le terme était proche. Le mardi matin, elle réclama encore l'assistance du prêtre ; il était bien évident qu'elle n'avait plus que quelques heures de vie. Toutefois, en ce moment de suprême angoisse, saisie déjà des frissons de la mort, elle conservait son calme habituel et toute sa présence d'esprit ; Dieu lui accordait la grâce de mourir en pleine connaissance. Cette grâce, Marie Moyon l'avait toujours ardemment souhaitée, sans oser cependant la demander, de peur de ne pas être assez soumise à la divine volonté. Elle se confessa une dernière fois : munie de l'absolution et de l'indulgence plénière, elle s'unit aux prières des agonisants, que l'on récitait près de son lit ; puis elle remercia le prêtre qui lui avait rendu cet office ; quelques instants après, recevant la visite de l'une des sœurs, qui venait plutôt s'édifier une dernière fois, que lui offrir des consolations, elle lui adressa cette parole qui marque bien la disposition où était son âme : « Ma sœur, je crois que c'est pour aujourd'hui ; quel » bonheur ! » Dans l'après-midi, elle reçut encore la sainte absolution ; déjà elle ne pouvait plus parler, néanmoins on vit ses lèvres s'agiter, comme pour exprimer l'acte de contrition qu'elle faisait en son cœur. Quelques heures plus tard, lorsque la journée du 8 avril commençait, sans autre agonie, elle rendait à Dieu sa belle âme. Il n'est pas possible d'assister à une telle mort sans se sentir profondément ému, et en présence d'un spectacle si consolant et si édifiant, il faut proclamer avec le Psalmiste que « Bienheureux sont » ceux qui meurent dans la paix du Seigneur. » A peine la pieuse Enfant de Marie avait-elle quitté ce monde, que, suivant son désir, le saint sacrifice était offert pour le repos de son âme. C'était le mercredi dans l'octave de Pâques. Or, les premières paroles de la messe de ce jour sont celles-ci :

« Venez, les bénis de mon Père, venez posséder le royaume
» qui vous a été préparé dès le commencement du monde. »
Il nous semblait entendre le Sauveur appelant sa fidèle servante et lui accordant la couronne.

Une telle mort ne pouvait passer comme un fait ordi-
naire. Le monde, malgré ses erreurs et sa légèreté, est obligé
de subir l'ascendant de la vertu ; aussi les Enfants de Marie
et les jeunes filles du Patronage et de l'Orphelinat ne furent
pas les seules à payer à Mlle Moyon le tribut de leurs regrets et à s'associer à l'affliction de sa famille ; le deuil fut
général. L'on voit cependant tous les jours les heureux du
siècle conduits à leur dernière demeure sans que personne
y fasse attention, et voici que l'on est tout ému de la mort
d'une humble ouvrière, qui a fui l'estime et les faveurs du
monde, qui a profondément méprisé les vanités et les plaisirs de la terre, et qui n'a jamais ambitionné autre chose que
la retraite et le silence. On regrette de ne plus avoir à s'édifier de cette modestie et de cette dignité chrétiennes qui
formaient un contraste si frappant avec l'air hautain et les
allures sans retenue des jeunes filles mondaines. On se sou-
vient des exemples de cette vie si modeste, de cette piété si
naturelle et sans apprêts. C'est que l'humble Enfant de Marie,
sans s'en douter, s'était élevée bien haut dans l'estime de
tous ceux qui avaient pu la connaître, et, comme le disait
une sœur de charité qui avait pu apprécier son noble caractère, elle était devenue, en quelque sorte, *un personnage*.
Depuis longtemps déjà l'on s'était accoutumé à considérer
Mlle Moyon comme personnifiant la vertu ; et l'idée de piété
et de ferveur était inséparable de son nom ; elle n'avait rien,
du reste, en elle qui ressemblât aux déplorables exagéra-
tions de la fausse dévotion ; son zèle pour le service de Dieu
n'avait rien d'amer, et sa religion ne respirait que la douceur
et la charité.

Pendant sa longue maladie, les marques de profonde sym
pathie lui étaient venues de toutes parts; après sa mort on
s'empressa de témoigner à sa mémoire les sentiments d'une
estime véritable et d'un religieux respect. On vit se produire
à ses obsèques un concours semblable à celui qui, onze ans
auparavant, avait honoré les funérailles de la vénérée sœur
Joseph, sa maîtresse et son amie. Comme alors, l'assistance
fut nombreuse et émue. Le vénérable pasteur de la paroisse
voulut d'ailleurs traiter comme une fille de la Charité celle
qui le fut par le cœur et entourer sa dépouille mortelle des
mêmes honneurs funèbres qui avaient été rendus à la mémoire de la sœur Joseph. A la fin de la cérémonie, il adressa
à l'assemblée quelques paroles émues pour rappeler les
vertus de la pieuse défunte et exhorter les Enfants de Marie
à suivre de tels exemples; les sanglots qui éclatèrent de
toutes parts et vinrent l'interrompre, lui montrèrent que l'on
avait su apprécier la valeur de la douce et sainte influence
de Marie Moyon.

Il nous reste à exprimer le vœu que le souvenir de cette
vertueuse existence ne s'efface point parmi nous. Nous
engageons les Enfants de Marie à suivre courageusement
cette voie dans laquelle Marie Moyon s'est maintenue avec
une si rare énergie; qu'elles aillent, si elles le peuvent, au
cimetière de Boulogne, raviver sur la tombe de leur pieuse
compagne la mémoire des exemples qu'elle leur a laissés,
et prendre, pour les imiter, de généreuses résolutions.
D'ailleurs, elles ont lieu de penser qu'elles ont au ciel une
protectrice dont les prières, jointes à celle de saint Joseph,
les aideront puissamment à faire l'œuvre de Dieu.

Il appartient à celles qui sont les aînées de cette famille
bénie dont la très-sainte Vierge est la souveraine et la
mère, de marcher plus exactement sur les traces de Marie
Moyon; elles doivent reproduire les exemples de vertu que

leur pieuse amie leur a laissés et entraîner à leur tour leurs jeunes compagnes dans la voie du bien. Nous espérons qu'elles tiendront à honneur de ne point manquer à ce devoir; nous avons la confiance qu'elles sauront recueillir l'héritage de vertus qui leur a été légué, et en faire vraiment le patrimoine de l'Association.

RÈGLEMENT DE VIE (retraite de 1862).

Tout pour la plus grande gloire de Dieu.

1° Lever en été à 5 h. 1/2, en hiver à 6 heures.

2° Donner son cœur à Dieu par les mains de la sainte Vierge, et offrir toutes ses actions dans la seule vue de plaire à Dieu.

3° Vingt minutes pour s'habiller, en s'occupant de quelque pensée pieuse.

4° Prière du matin suivie d'une méditation de *dix minutes au moins*. (*Nota. Quelque temps après, cet article fut modifié et la durée de la méditation du matin fixée à une demi-heure.*) Prendre toujours une résolution et une oraison jaculatoire à répéter dans la journée.

5° Après ces quelques exercices, se mettre au travail dans un esprit de pénitence et en union avec celui de Notre-Seigneur Jésus-Christ et de la sainte Vierge sur la terre ; lorsque l'heure sonne, le renouveler en la présence de Dieu.

6° Dans la matinée, le chapelet de l'Immaculée-Conception.

7° A midi, l'Angélus autant que possible, suivi d'un petit examen de conscience sur le commencement de la journée.

8° A 3 heures, si je suis seule, petites réflexions et le chapelet.

9° Dans les repas, tempérance et toujours quelques petits sacrifices.

10° Prière du soir ; examen de conscience ; lecture spirituelle ; préparer sa méditation pour le lendemain.

11° Donner son cœur à Dieu et lui offrir son sommeil en union avec Notre-Seigneur ; s'endormir dans quelques pensées pieuses.

12° Se confesser tous les huit jours ; faire la sainte communion, s'il me l'est possible, deux fois la semaine (*suivant la règle qui m'a été tracée*) ; ne pas omettre la communion de dimanche sans l'autorisation de mon confesseur ; éviter les scrupules, ne point s'y arrêter.

13º Assister à la sainte messe avec recueillement; aller au catéchisme et y répondre avec simplicité; y garder le silence tant par mortification que pour le bon exemple; aller avec toutes les enfants du Patronage sans distinction mais surtout avec mes petites filles; leur parler toujours avec beaucoup de douceur et de charité. Le soir, assister au salut.

14º Relire ce règlement et mes résolutions une fois le mois, le quatrième dimanche; faire ce jour-là un petit retour sur moi-même en forme de retraite, suivant la manière indiquée dans le manuel.

Sentiments de Mlle M. Moyon sur sa consécration à Notre-Seigneur Jésus-Christ.

Je vous remercie, ô mon Dieu ! Que je suis heureuse ! le voilà enfin arrivé, ce jour si ardemment désiré ! En vous recevant dans mon cœur, je ne sais quel bonheur extraordinaire s'empare de moi, ô mon bien-aimé Jésus ! Ah ! c'est que je possède mon Dieu ! O Sauveur ! je vous fais la promesse de me consacrer à vous, de vous faire le maître absolu de mon cœur, de mon esprit, de mon corps, enfin de tout moi-même ! N'aimer désormais que vous seul, fuir et détester tous les plaisirs et les vanités du monde, voilà ma résolution. Le monde prétend nous séduire, hélas ! il semble satisfaire et donner quelques instants de jouissance ; mais ses joies et ses fêtes ne durent qu'un instant ; et, au lieu du bonheur promis, il nous laisse le cœur vide et agité par d'amers remords. Près de vous, ô Jésus, on goûte la joie la plus parfaite, la plus pure, la plus délicieuse. Les sacrifices sont faciles ; car si au premier abord ils semblent pénibles à la nature, le courage affaibli se relève à cette seule pensée : « C'est pour Jésus. »

Pourtant, ô mon bien-aimé, vous connaissez ma légèreté et mes infidélités ; cependant, Dieu d'amour, vous me permettez de vous donner mon cœur ; et vous me le demandez à moi si indigne d'une telle grâce ! Combien d'autres à qui ce bonheur n'est pas accordé et qui vont se précipiter et se perdre dans la fournaise ardente des plaisirs ! Quelle reconnaissance ne vous dois-je pas pour un tel bienfait !

Quel bonheur d'appartenir toute à son Dieu, au plus miséricordieux des pères, au plus tendre des amis, au roi des rois, qui ne rejette pas la demande et la prière de la plus ingrate de ses créatures !

Que je suis heureuse ! Maintenant je ne m'appartiens plus : je suis toute à mon Jésus ! Oui, je veux que toutes mes pensées, mes désirs, mon affection, mon amour soient à vous ! je veux que toutes mes actions soient accomplies en union avec votre divin Cœur. Pour cela, ô Jésus, mettez comme un cachet sur la porte de mon cœur, afin que vous seul puissiez y entrer, y rester, y régner toujours... toujours !...

Que le démon, ce cruel ennemi des âmes, n'ait jamais aucun empire sur moi ! Défendez-moi, Seigneur, contre ses attaques. O vous qui vous plaisez parmi les cœurs purs, conservez-moi cette vertu que vous aimez tant. A d'autres le plaisir de servir le monde, à moi le bonheur de vous aimer, ô Jésus, et de vous posséder dans la céleste patrie !

Mais sans votre grâce, ô mon Dieu, tout ce que je promets ne serait pas grand'chose ; si je n'étais soutenue par votre bonté et votre miséricorde infinie, je laisserais bientôt de côté toutes ces promesses ; mais, encouragée par votre amour, je m'abandonne entièrement à vous, n'ayant pas de plus grande consolation que de me jeter dans vos bras, s'il m'arrivait par malheur de contrister en quelque chose votre divin Cœur.

Jésus, recevez ma promesse, recevez-la d'une enfant qui désire sincèrement être à vous pour toujours. O Marie, ma tendre Mère, je vous donne cette consécration ; veillez sur moi, protégez-moi, faites que mon cœur soit toujours fixé et attiré vers le vôtre. Je vous fais la gardienne de ce cœur, tout indigne qu'il est de cette protection. O vous qui avez tant aimé votre Dieu, répandez un peu en moi de cet amour qui vous consumait, et que le cœur de votre pauvre enfant, qui vous appartient maintenant à double titre, soit tout brûlant d'amour pour son Dieu !

www.ingramcontent.com/pod-product-compliance
Ingram Content Group UK Ltd.
Pitfield, Milton Keynes, MK11 3LW, UK
UKHW021146140726
13695UKWH00005B/1961